(Par Lescalier.)

RÉFLEXIONS
SUR
LE SORT DES NOIRS
DANS
NOS COLONIES.

Sic vos non vobis........

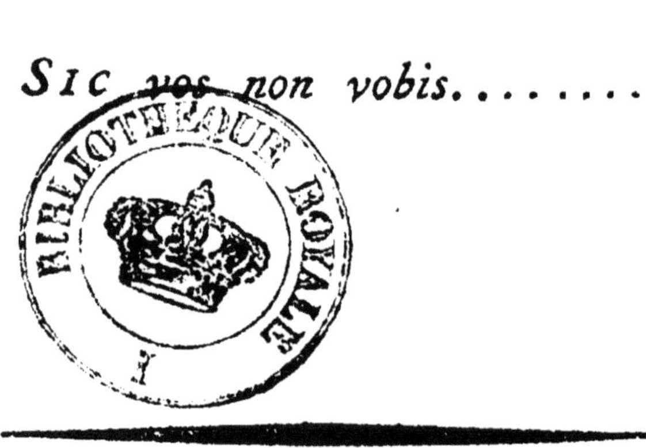

1789.

AVERTISSEMENT.

La conſervation des Colonies à Sucre eſt généralement regardée comme un ſi grand intérêt politique, que tout ce qui peut donner quelque jour ſur la queſtion agitée tant en Angleterre, qu'en France, ſur ce ſujet doit être préſenté au Public; on le doit ſur-tout à la Nation aſſemblée pour diſcuter & régler tous les objets d'Adminiſtration, parmi leſquels celui des Colonies ſera ſans doute compris.

Après avoir long-tems vécu dans les Colonies de diverſes Nations Européennes, après avoir étudié le caractere des Nègres, examiné les diverſes manieres de les régir & leurs effets, après avoir lu ce qui a été écrit pour le maintien & pour l'abolition de l'eſclavage, je crois devoir à la Patrie le tribut de mes réflexions. Ce n'eſt pas que je me flatte d'ajouter à ce que d'excellens Ecrivains ont donné depuis peu ſur cette matiere intéreſſante; mais inſtruit par eux, & profitant de leurs lumieres, j'expoſerai dans ce court Mémoire le déſir & la poſſibilité de concilier dans la culture des Colonies la Morale avec la Politique, d'allier ſous la zône torride l'Induſtrie au bonheur; j'appaiſerai peut-être en même-tems les alarmes des Colons, lorſqu'ils entendent déclamer contre l'esclavage des Nègres, ce qui, par l'institution malheureuse des Colonies, semble être une attaque directe faite à leurs propriétés.

C'EST une tâche en apparence difficile à remplir; mais cette difficulté s'applanit par le caractere de notre Nation: c'est elle qui jusqu'à présent a mis plus d'humanité (disons, si on le veut, moins d'inhumanité) dans la Régie des esclaves: outre la prévoyance de quelques-unes des dispositions établies par nos loix pour modérer l'esclavage des Noirs, les François feront par sentiment & par une impulsion naturelle, ce que la force du raisonnement fera faire aux autres.

S'IL y a ici quelques moyens de faciliter cette tâche, on aura bien mérité de l'humanité, on aura bien mérité de la Nation, & particuliérement des Colons, en montrant qu'il eſt poſſible dans les Colonies de s'enrichir des productions de la terre ſans faire frémir l'humanité, & qu'avec une ame bienfaiſante on peut être ſans remords propriétaire d'habitation.

RÉFLEXIONS

SUR LE SORT DES NOIRS

DANS NOS COLONIES.

LA question de l'esclavage des Noirs, qui occupe depuis quelque-tems les esprits, ne peut laisser le Gouvernement dans l'indifférence: cette question sérieusement agitée en Angleterre, ne peut manquer de l'être dans l'Assemblée Nationale, puisqu'elle a admis dans son sein les Députés de Saint-Domingue.

LES Negres n'ignorent pas, ou du moins ils ne pourront ignorer long-tems, les diſcuſſions qui ont lieu ſur leur ſort: quand on pourroit les leur cacher (ce qui ſeroit peut-être encore pire) croit-on qu'ils aient jamais ignoré leurs droits, & que la voix de la nature ſe ſoit endormie chez eux au gré de leurs poſſeſſeurs?

QUELQUE ſtupides que leurs détracteurs les repréſentent, ils ſe ſont montrés capables d'une très-grande énergie: ils ont, à la Jamaïque & dans la Guiane Hollandoiſe, l'exemple d'un nombre d'hommes de leur race, qui par leur courage ſe ſont procuré la liberté malgré leurs Maîtres qu'ils ont forcé de traiter avec eux de leur exiſtence indépendante. Pluſieurs de nos Nègres, dans les Colonies où fréquentent les Américains, ſont à portée d'entendre parler des loix nouvelles qui ont eu lieu dans les Etats-Unis, pour l'abolition de l'eſclavage & de la traite des Noirs.

On doit craindre les plus fâcheux évènemens, si on ne s'occupe pas sérieusement de l'amélioration du sort de cette espece d'hommes, si précieuse à l'Etat par les riches productions que ses travaux lui procurent, & en même-tems si peu protégée & si maltraitée ; on auroit bien tort de s'endormir dans une imprudente sécurité.

Pour soutenir l'esclavage, on met en avant l'antique usage des Colonies, l'impossibilité prétendue de les cultiver sans Noirs & sans Esclaves, la raison d'état qui veut que l'on aie des denrées coloniales ; on s'appuie du bonheur des Nègres dans leur état actuel, bien préférable, dit-on, au sort de nos Païsans ; on donne comme inhérens au caractere des Noirs la paresse, la fourberie, & toutes les mauvaises qualités que leur trouvent des Maîtres durs & égoïstes qui ne voient en eux que les instrumens paſſifs de leur fortune : mais ces mauvaiſes qualités & ces vices ſont, ou relatifs à l'opinion & au préjugé ſur leur état, ou occaſionnés par la maniere dont on les traite : communs à tous les hommes & dans toutes les ſociétés, ces vices s'évanouiſſent, ou du moins s'affoibliſſent conſidérablement, ſous un régime humain & raiſonnable, même parmi les eſclaves ; c'eſt ce qu'une expérience ſuivie & attentive à bien démontré.

Les partiſans de l'eſclavage ne peuvent d'ailleurs faire entrer pour rien dans leurs divers raiſonnemens, la cauſe de l'humanité, ni la juſtice, ni le droit naturel, impreſcriptibles pour tous les hommes, indépendamment de leur couleur & des circonſtances plus ou moins favoriſées de leur naiſſance. » *Il nous* » *faut des Colonies ; on ne peut les cul-* » *tiver ſans eſclaves ; donc il eſt néceſ-* » *ſaire de faire la traite, & d'avoir des*

» *esclaves :* « Voilà à quoi se réduiront toujours leurs argumens.

D'UN autre côté les personnes qui plaident pour l'abolition de l'esclavage, inspirées par la raison, la justice, la bienfaisance, & tout ce que l'humanité offre de motifs plus purs & plus respectables, peuvent aller trop loin, & prêtent ainsi à la critique de leurs adversaires intéressés, soit par excès de zèle, soit faute de connoître suffisamment la localité & la circonstance des Colonies, soit encore faute de respecter la raison politique des Etats, qu'il est devenu impossible de ne pas ménager, à cause des cris d'un nombre de gens dont la fortune dépend des cultures actuelles de nos Colonies : ils ont prêté encore à la critique des Colons, en n'appercevant pas bien tous les moyens d'opérer la révolution qu'ils desirent. Delà, il résulte une majorité immense dans les débats de cette queſtion, en faveur des partiſans de l'eſclavage, dont l'opinion eſt accréditée par un long uſage, & par une eſpece de loi généralement établie dans toutes les Colonies Européennes.

Dans toutes ces diſcuſſions, les Colons (qui ſont preſque tous pour le maintien de l'eſclavage) mettent beaucoup de chaleur & d'acharnement à ſoutenir une cauſe qui leur ſemble perſonnelle; les autres (qui ſont un petit nombre de perſonnes n'ayant pour la plûpart aucun intérêt dans les Colonies) montrent le plus grand zèle pour le ſoulagement de l'humanité ſouffrante.

Quel que ſoit l'effet de ces débats, à quelque époque que cet effet ſoit retardé, il ne peut qu'en réſulter un traitement plus humain pour les Noirs: on voit déjà qu'il ne reſte plus aucune autre excuſe aux poſſeſſeurs d'eſclaves, qui plaident pour le maintien de l'esclavage, que de citer la maniere tempérante & heureuse dont leurs Nègres sont traités, ou de convenir qu'il est à propos d'améliorer leur sort.

De ce choc d'opinions on peut déduire deux vérités incontestables :

La premiere de ces vérités est que l'habitation dont la régie est la plus raisonnée, la moins arbitraire, où les Nègres sont catéchisés, où on cherche à leur donner des mœurs, où ils ont quelques propriétés, & une espece d'existence sociale, est aussi celle qui rapporte des revenus plus constans à son propriétaire, & que moins les Nègres sont malheureux plus leur Maître s'enrichit. Les partisans de l'esclavage en conviennent eux-mêmes.

La seconde vérité, déduite comme l'autre des objections des Colons qui ſoutiennent l'eſclavage, eſt que les projets d'humanité que l'on manifeſte en faveur des Noirs ne peuvent s'exécuter en bonne politique qu'avec du tems & des gradations ; qu'un affranchiſſement illimité & ſubit, ſans exceptions ni conditions, rempliroit mal le but qu'on ſe propoſe, & même offriroit des inconvéniens : en effet, on doit convenir que les Nègres nouveaux, ceux non encore accoutumés à notre langue & à nos uſages, ne pourroient ſans danger pour nos plantations, ni ſans un inconvénient pour eux-mêmes, être tous à la fois remis en liberté ſans intervalles ni précautions : c'eſt ainſi que des yeux affoiblis par une longue obſcurité ne pourroient revoir ſubitement la lumière ſans en être éblouis ; il faut la leur rendre par degrés & avec attention.

Cette difficulté eſt même ſi forte qu'elle rendroit la deſtruction de l'eſclavage comme impoſſible, ſi on ne commençoit par faire finir la traite des Noirs, qui vient ſans ceſſe verſer des Nègres nouveaux dans nos Colonies; mais il n'eſt plus poſſible de ſe diſſimuler, d'après les faits expoſés à la connoiſſance publique ſur la traite des Noirs, que ce commerce offre des actes de barbarie ſi atroces, ſi continuels & ſi indiſpenſables à ſon entretien, que les perſonnes honnêtes qui deſireroient conſerver l'eſclavage des Noirs dans nos Colonies, en le rectifiant, ne peuvent plus raiſonnablement ſoutenir la continuation de ce commerce d'eſclaves.

Connoissant le pour & le contre de cette queſtion, & les Colonies par une aſſez longue expérience, je crois pouvoir dire avec aſſurance qu'il eſt nullement impoſſible, qu'il eſt même utile & politique de préparer les voies pour l'abolition de l'eſclavage; qu'on peut parvenir à ce but en ménageant la raiſon d'état, la politique des Nations, en conſervant nos Colonies à Sucre, ſans déranger en rien les propriétés foncieres des habitans, ni diminuer leurs revenus.

Le terme dans lequel on pourroit rendre par gradations la liberté aux Nègres ne ſeroit point fort éloigné, & les bonnes diſpoſitions de pluſieurs Colons François l'abrégeroient plus qu'on ne penſe : car ce ſeroit à tort que l'on regarderoit tous les propriétaires d'habitations dans les Colonies comme des hommes barbares ; pluſieurs ont une diſpoſition humaine & bienfaiſante, qui ne produit (il eſt vrai) que des effets précaires & momentanés, toujours dérangés par leurs ſucceſſeurs ou par leurs gérans : mais la faute en eſt au Légiſlateur qui a établi & autoriſé l'eſclavage, qui en maintient ſévèrement la police & la durée, & non pas à la plûpart des habitans

habitans qui le trouvant dans leurs héritages, le trouvant dans tout ce qui les environne depuis des ſiecles, ſuivent un uſage avec lequel ils ſe ſont familiariſés dès leur enfance, & une loi qui les empêcheroit de ſuivre un autre ſyſtême. Pluſieurs Colons ne demandent pour bien faire que d'être éclairés ſur leurs véritables intérêts; mais c'eſt ce qu'on n'obtiendra que par l'expérience & avec le tems, & à meſure que la légiſlation elle-même reformera l'inſtitution qu'elle a faite & conſolidée.

Toutes les ames honnêtes, ſenſibles & déſintéreſſées ſont déjà perſuadées avant que j'aie parlé : mais il faut démontrer à l'Adminiſtration, il faut prouver aux Colons qu'on peut opérer ces changemens heureux par des moyens tranquilles & sûrs, en faiſant l'avantage des habitations. Il eſt néceſſaire pour cela de ſe dégager de toutes préventions,

& de réfléchir avec impartialité ſur les différens points de vue qu'offre cette queſtion importante.

Je vais expoſer les moyens par leſquels je crois que l'on parviendroit à rectifier graduellement l'inſtitution vicieuſe des Colonies, en conſervant leurs habitations & leurs cultures.

PREMIER MOYEN.

L'Abolition de la Traite des Noirs.

La Traite des Noirs offre une queſtion intimément liée avec celle de l'eſclavage, parce qu'elle lui ſert d'aliment, parce qu'il ſemble aux Colons que ſi la Traite ceſſoit la population des Colonies ſe réduiroit bientôt à rien, & leurs cultures dépériroient à meſure, & que puiſque l'eſclavage eſt autoriſé la Traite doit l'être également; mais il n'y a que le Machiavéliſme le plus affreux qui puiſſe plaider pour la continuation de cet odieux commerce (1).

(1) On avoue que n'étant pas inſtruites de toutes les cruautés par leſquelles s'opére cette Traite des Noirs, ne les ſoupçonnant pas mêmes poſſibles, des perſonnes honnêtes & bien intentionnées ont pû, entraînées par la légiſlation & les circonſtances, ne pas

Qu'importe que nous soyons injustes & barbares, pourvu que nous nous enrichissions? Voilà en peu de mots à quoi on peut ramener toutes les raisons qu'on apporte pour soutenir ce commerce; mais si ce n'est pas seulement une injustice, si c'est encore une erreur; si ce commerce loin d'être profitable n'est que nuisible aux intérêts de la Nation, que deviendra l'unique argument avec lequel on prétend en maintenir la continuation?

§. 1. *Cette Traite considérée politiquement n'offre que des désavantages.*

1°. Elle corrompt les mœurs d'une partie de notre Nation, en la familia-

---

avoir de ce trafic toute l'horreur qu'il doit inspirer; mais depuis la publication des faits authentiques consignés dans les Ouvrages de Clarkson, de Froissard, &c., on ne peut plus regarder la Traite des esclaves que comme un tissu d'atrocités. Que le Lecteur qui n'en sera pas encore convaincu, lise ces Ouvrages avant d'aller plus loin.

rifant avec des actions féroces, en y faifant concourir plufieurs fujets à qui on finit par faire regarder ces actions comme légitimes; en accoutumant un nombre de perfonnes à fpéculer leur fortune fur la deftruction de l'efpece humaine.

2°. Elle ne procure des bras aux cultures des Colonies qu'en faifant périr par les guerres, par les injuftices, par les duretés des traverfées, par les mauvais traitemens, & par le défefpoir, beaucoup plus de Nègres que nous n'en acquérons.

3°. Ce commerce eft plus nuifible que profitable à fes Armateurs; ce qui s'explique en difant que fi on voit quelques voyages lucratifs, le plus grand nombre n'offre que des pertes; & ces pertes feroient bien plus apparentes, fi elles n'étoient fouvent compenfées par des profits acceffoires, fur les marchandiſes d'Europe, ſur les achats de poudre d'or, d'ivoire, &c., ſur les achats & frets de denrées Coloniales en retour.

4°. Ce commerce eſt ruineux à l'Etat par les primes & encouragemens pécuniaires très-exorbitans que le Gouvernement a cru néceſſaire de donner à ſes ſpéculateurs, primes dont la dépenſe s'éleveroit au moins à 4 millions par an, ſi elles obtenoient complettement leur effet deſiré : nouvelle preuve que ce commerce eſt plus onéreux que profitable.

5°. La Traite des Noirs eſt nuiſible à la Marine & à la Navigation par la perte qui en réſulte d'un grand nombre de Matelots; puiſqu'il eſt démontré qu'il périt dix ou douze fois plus de Matelots à proportion dans les Voyages de cette eſpece, que dans les autres navigations, pertes preſque uniquement occaſionnées par le mauvais air, la mauvaiſe nourriture, & les autres circonſtances deſtructives qui exiſtent néceſſairement dans les Vaiſſeaux Négriers.

6°. Ce commerce eſt encore d'une mauvaiſe politique, parce qu'il nous fait délaiſſer pluſieurs branches de ſpéculations intéreſſantes ſur divers produits de l'Afrique; qu'il s'oppoſe à nous faire connoître l'intérieur & les reſſources de ce Continent, même la plus petite partie de ſes côtes que nous ne connoiſſons que ſous un rapport infâme; que ce commerce d'eſclaves nous fait ainſi dédaigner & ignorer une des vaſtes parties du monde, & la plus à notre portée.

7°. La Traite des Eſclaves eſt une honte à l'humanité, une tache à notre Nation, une contradiction ouverte avec nos principes & notre conſtitution.

Il eſt remarquable que la loi abuſive

de commerce qui a autorisé l'esclavage dans nos Colonies n'a permis de traiter des Noirs que depuis tel Cap jusqu'à tel autre dans la côte d'Afrique; que ce qui est permis dans tel parage & dans telle latitude, redevient un crime dans un autre canton ; que le Gouvernement a puni sévèrement des Capitaines qui s'étoient permis de prendre des Noirs à cheveux longs, des teints moins basanés, dans d'autres lieux que ceux ordinaires de la Traite. Quel droit avoit-on de plus sur les uns que sur les autres?

Il est bien remarquable encore que (par une de ces contradictions trop communes dans l'esprit humain) les Hollandois ont un mépris singulier pour une espece d'hommes qui en Hollande recrutent & engagent des Blancs pour leurs Colonies, les appelant *vendeurs d'ames;* & on ne s'est pas apperçu qu'ils eussent jamais témoigné une opinion fâcheuſe des agens de la Traite des Noirs.

Il n'eſt que trop prouvé que c'eſt les Européens qui ont preſque par-tout excité & encouragé le commerce des Eſclaves ; on a ſu de M. Poivre, cet Adminiſtrateur humain & éclairé, qu'au commencement de ce ſiecle, ce commerce & toutes les horreurs qui en ſont les compagnes néceſſaires ont été introduits pour la premiere fois dans l'Iſle de Madagaſcar, & que l'eſclavage étoit abſolument inconnu des naturels du pays avant la fréquentation des Européens.

§. 2. *La ſuppreſſion de la Traite des Noirs ne fera aucun tort aux propriétaires d'habitations dans les Colonies.*

1°. Il eſt connu qu'un nombre d'habitans ſe ruinent, & rendent leurs libération & liquidation impoſſibles par les pertes qu'ils font de Nègres nouveaux.

2°. LES Colons perdant ce moyen de recruter leurs Atteliers, ſoigneroient davantage cette population; elle s'accroîtroit par un régime plus humain & plus attentif: on le ſait par l'expérience de pluſieurs habitations qui ont maintenu, augmenté même leur population par le ſeul effet d'un traitement plus raiſonnable ſans avoir recours à des achats de nouveaux Eſclaves.

IL eſt reconnu que le régime trop dur de l'eſclavage, ou l'inſouciance & le mépris de l'humanité qui l'accompagnent ſi ſouvent, cauſent une perte conſtante à la population des Nègres dans toutes les Colonies priſes en maſſe, & dans chacune en particulier, même là où l'eſclavage eſt plus modéré par la loi;

tandis que ceux des habitans qui ont mis l'attention convenable à encourager & conſerver la population de leurs eſclaves & à modérer autant qu'il étoit en eux la loi de l'eſclavage, l'ont vu s'augmenter ou au moins ſe ſoutenir au même nombre. On en cite un qui a doublé le nombre de ſes eſclaves en quatorze ans par ſa propre population.

3°. Si l'Etat économiſoit par an quatre millions de livres, de primes & encouragemens qu'il donne ou propoſe aujourd'hui à la Traite des Noirs pour la porter à toute l'étendue néceſſaire aux remplacemens des pertes d'eſclaves, & au maintien des Colonies ſous le régime de l'eſclavage, les Colons de leur côté épargneroient en maſſe vingt ou vingt-cinq millions qu'ils dépenſent annuellement en achats de Nègres nouveaux.

4°. Les mœurs des Colons, & de toute

la partie de la Nation qui a des rapports avec eux, ainſi que les mœurs des Nègres de nos Colonies, gagneroient très-ſenſiblement à ce changement.

5°. LES travaux des habitations, leur population, & les Colonies en général s'amélioreroient à toute ſorte d'égards, n'étant plus composées que de Nègres Créoles.

6°. Les Colonies ſeroient plus en ſûreté, & mieux policées; elles deviendroient d'un entretien moins coûteux par une forte diminution, ſinon la ſuppreſſion totale, des dépenſes de police, de juſtice, de détachemens, de la Caiſſe des Nègres ſuppliciés ou tués en marronage, des frais de géole, &c.

IL eſt donc certain que la Traite des Nègres eſt une barbarie qu'une Nation policée ne peut raiſonnablement continuer ; il eſt prouvé qu'elle nuit à beaucoup d'égards, & que ſa ſuppreſſion bien loin d'être contraire aux Colonies, y ameneroit un meilleur ordre de choſes, & plus de proſpérité : ces vérités ſemblent être établies en Angleterre où cet objet eſt traité publiquement avec toute la force du raiſonnement & la généroſité qui caractériſent les hommes choiſis de cette Nation.

MAIS l'intérêt & une politique mal entendue viennent leur oppoſer diverſes objections, dont une ſeule a beſoin d'être combattue un moment.

» EN ſuppoſant que la France & l'An-
» gleterre abandonnaſſent enſemble le
» commerce des eſclaves, les autres
» Nations de l'Europe le continueroient
» à notre détriment, les Eſpagnols qui
» ont ouvert leurs ports de l'Amérique
» méridionale aux étrangers pour les en-
» gager à y porter des eſclaves, profi-

» teroient de notre abandon pour peu» pler leurs Colonies : les Américains » y ont déjà porté plusieurs cargaisons » de Nègres «.

Sans admettre pour cela cette triste politique qui veut toujours ne fonder notre prospérité que sur le dépérissement de nos voisins, on peut répondre à cette objection :

Que si c'est bien fait d'abolir la Traite, si ce parti nous est avantageux, les autres nous imiteront, ou ils auront tort de ne pas le faire.

Que les Espagnols plus qu'aucune autre Nation, sont dans le cas de perdre à cette mauvaise politique de peupler les Colonies de Nègres nouveaux, tandis qu'ils négligeroient & opprimeroient cette immense population d'indigenes dont ils pourroient tirer un parti avantageux par la douceur & la modération, & par une sage administration ;

Qu'il est très-raisonnable de penser que le parti pris à la fois par l'Angleterre & par la France, de cesser la Traite des Esclaves en Afrique, & d'établir dans ces contrées d'autres moyens de commerce, causera dans les idées de ces peuples une révolution qui rendra plus difficile, ou même fera cesser la Traite des Esclaves. — N'avons-nous pas déjà vu un *Marabout*, Souverain Religieux de ces contrées, interdire dans ses Etats, par esprit de morale & de religion, le commerce des Esclaves, en grêver le passage à travers ses terres par de forts droits & péages. La raison peut être long-tems offusquée ; mais quand elle commence à se faire jour ses progrès sont rapides.

DEUXIEME MOYEN.

Affranchiſſement des Eſclaves Domeſtiques & autres des Bourgs & Villes.

PUISQUE la politique & l'intérêt ne peuvent ſoutenir la néceſſité d'avoir des Eſclaves qu'en prétendant qu'ils ſont indiſpenſables aux grandes cultures des Colonies, & à la fabrication du Sucre entr'autres, on ne peut pas dire avec le moindre fondement que des Eſclaves ſoient néceſſaires dans les Villes & Bourgs, au ſervice domeſtique, au travail des Boutiques & des Magaſins, à aſſiſter les Ouvriers & Entrepreneurs.

QUEL abus au contraire, qu'un Matelot parvenu, qu'un ſimple ouvrier, dès qu'ils peuvent épargner 1000 à 1200 livres, ſoient à l'inſtant habiles à poſſéder un autre homme ou femme en toute propriété,

propriété, à les traiter avec dédain, à s'en faire ſervir arbitrairement, à les accabler de coups au moindre caprice, à les louer à d'autres pour en faire à leur gré? Quelle indignité & quelle dégradation à la nature humaine, que cet uſage, ſi général dans les Villes & Bourgs des Colonies, pour la plûpart des Blancs, d'acheter des femmes, bien plus ſouvent dans des vues mépriſables, que pour le ſervice domeſtique, de leur donner enſuite la liberté pour récompenſe de leurs vices! ou (ce qui eſt encore pis) de les revendre au moindre caprice ou mécontentement!

Loin que cette partie d'Eſclaves ſerve au progrès & au maintien des Colonies, il eſt aiſé de voir qu'elle eſt infiniment nuiſible à la police, au bon ordre, & aux mœurs; qu'elle eſt deſtructive de la population, & que ce ſont autant de bras enlevés aux cultures.

Un premier pas très-eſſentiel à faire, après l'abolition de la Traite, paroîtroit donc être celui de renvoyer à la culture, ou d'affranchir ſans exception quelconque, tous les Eſclaves Domeſtiques, Journaliers, Ouvriers & autres, des Villes & Bourgs.

Les Habitans gagneroient à cette diſpoſition une augmentation de bras: qu'arriveroit-il ? des gens qui vivent uniquement dans les Villes, du tribut qu'ils reçoivent de 2 ou 3 eſclaves ſeroient obligés de les revendre, ou de chercher avec eux dans la culture des moyens de ſubſiſter. Quiconque connoît bien les Colonies, ſait que la ſaine Adminiſtration cherche toujours, mais ſans ſuccès, à diminuer le nombre par-tout trop grand des Nègres de journées, comme très-nuiſible à bien des égards.

Les particuliers qui poſſédent en propriété des domeſtiques loueroient des affranchis : ils en ſeroient mieux ſervis ; la plus grande cherté en apparence de ce ſervice, feroit qu'on auroit moins de ſerviteurs inutiles, & ce ſeroit autant de bras rendus aux cultures. Mais, dira-t-on, où trouver des domeſtiques libres ? Il n'y a pas aſſez d'affranchis à pouvoir prendre à gages. — Quand cette objection ſeroit fondée, ce ſeroit un bien petit inconvénient du moment, auquel on trouveroit bientôt le remede : & on entrevoit que cette diſpoſition procureroit des moyens honnêtes de ſubſtituer à la race des affranchis, des Mulâtres & Métifs libres des deux ſexes, qui dans l'état actuel, vivent pour la plûpart d'une maniere précaire & incertaine, dans la nonchalance, l'oiſiveté & le déſordre.

Les Marchands qui, pour le tranſport de leurs ballots, bariques, & effets, &c.,

louent des Nègres journaliers, ou en poſsèdent quelquefois en propriété, ne perdroient rien à cette diſpoſition : ils loueroient des affranchis; & l'on ne peut douter que, puiſque les Nègres eſclaves ſe louent pour rapporter l'argent qu'ils gagnent à leurs Maîtres, on ne les louât encore bien plus facilement pour ces travaux & mouvemens, dans l'état de liberté, & lorſque le profit leur appartiendroit en entier. On n'auroit plus d'eſclaves pour ces ſortes de travaux; ceux qui en ont actuellement les revendroient aux Colons cultivateurs; on réduiroit le nombre des journaliers libres au ſtrict néceſſaire; & on ouvriroit par-là une reſſource honnête à la race des affranchis Mulâtres & Métifs.

Ce Maçon, ce Charpentier, qui (parvenus par le travail de leurs mains & leur induſtrie à poſſéder un, deux, ou plusieurs eſclaves dont ils forment leurs

Atteliers) s'enrichiſſent & deviennent enſuite d'indolens ſybarites, & les égaux de ceux qui n'agueres les tenoient à leurs gages, ſe retireroient s'ils ſe trouvoient aſſez riches, ou loueroient à titre de journaliers des ouvriers pour les aſſiſter.

On ne verroit plus, comme par le paſſé, des ouvriers blancs devenir auſſi puiſſamment riches dans un petit nombre d'années ; mais avec des gains moins rapides ils conſerveroient mieux leur activité & leur induſtrie. Il ſe formeroit des ouvriers excellens parmi les Nègres & gens de couleur ; il s'établiroit dans les Villes pluſieurs familles aiſées d'Artiſans & gens de tous métiers; & la population ne pourroit qu'y gagner.

La faculté laiſſée, à ceux qui ne ſeroient pas aſſez riches, de donner la liberté à leurs eſclaves domeſtiques & ouvriers, ou de les revendre aux Habitans cultivateurs, ou de les appliquer eux-mêmes à la culture, empêcheroit que personne ne pût rien perdre à cette disposition.

TROISIEME MOYEN.

Affranchissement des Mulâtres.

Si (comme on l'a dit, au moyen précédent) il ne faut des esclaves que dans les habitations, il est bien reconnu que les Mulâtres & Métifs ne sont jamais, ou presque jamais, des esclaves attachés à la culture : il faudra non-seulement par cette raison, mais encore dans des vues d'une saine politique & d'une juste administration, affranchir toute la race (du moins celle à naître) des Mulâtres & Métifs.

Une des causes qui s'opposent essentiellement à l'accroissement de la population des Noirs dans nos Colonies, c'eſt le libertinage effréné d'où naît cette race bâtarde & vicieuſe, déclarée eſclave par cet axiome : *partus ſequitur ventrem.*

C'EST bien encore ici que la légiſlation des Colonies offre une de ces incohérences ſi néceſſairement réſultantes de leur inſtitution : car le Légiſlateur n'ayant eu intention de vouer à l'eſclavage que la race noire à cheveux crépus, celle qui ſort directement de la côte d'Afrique, a déclaré libres les Nègres à cheveux longs, & autres Indiens, il a affranchis tous les Mulâtres & ſang-mêlés provenans de race Indienne; il auroit dû, en ſuivant les mêmes principes, reconnoître comme libres les Mulâtres proprement dits qui ſont démontrés phyſiquement être iſſus d'un pere libre, quoique la mere ſoit eſclave.

IL arrive, par les diſpoſitions actuelles de cette loi, que l'enfant bâtard d'une femme Indienne avec un Nègre esclave est déclaré libre, tandis que celui d'un Blanc avec une Négresse est toujours esclave, lorsque sa mere l'est. Il convient de faire cesser cette contradiction : en le faisant on changeroit la maniere d'être toujours vicieuse des Mulâtres & Métifs dans leur état actuel : car cette caste (qui joint presque généralement aux vices de son origine l'insolence & la paresse occasionnés par une sotte vanité qu'ils tirent de leur issue d'un Blanc) est par-tout peu propre à remplir les devoirs ordinaires des esclaves; & sur-tout aux travaux d'habitations, étant mêlés avec les Noirs. Les inconvéniens de leur institution, leur manque d'éducation, de principes & de mœurs, leur abrutissement & leur libertinage presque sans exception, font que bien rarement on y trouve des sujets utiles, même lorsqu'ils sont parvenus à l'état de liberté.

En déclarant libres les Mulâtres à

naître à l'avenir, le Légiſlateur préviendra par-là en grande partie, le libertinage dont on ſe plaint; tout Habitant propriétaire d'eſclaves, évitera par tous les moyens en ſon pouvoir que ſes femmes eſclaves aient fréquentation avec des Blancs, dans la crainte de voir naître des enfans qui ne devront plus lui appartenir : il cherchera à encourager les mariages entre Noirs & à augmenter & favoriſer ſa propre population. Plus de tranquillité & de bon ordre dans les ménages Nègres concourra très-ſenſiblement à ce but déſirable; & ſi, par ſuite néceſſaire des paſſions & de la foibleſſe humaine, il y a encore, après ce parti pris, des fréquentations de Blancs avec des Négreſſes, les cas deviendront beaucoup plus rares, les enfans qui en proviendront, devenant par leur état de bâtards libres, les enfans de l'Etat, ſeront inſtruits & élevés par les ſoins de l'Adminiſtration, à défaut de ceux de leurs peres naturels : ils donneront pour la plûpart des sujets aux divers métiers & talens utiles, à la Culture, à la Navigation ; on les verra s'établir convenablement avec des femmes de même espece, dont l'éducation auroit été plus soignée dans ces vues.

Cette proposition étant le produit de mes propres réflexions, j'ai trouvé qu'un ancien Administrateur des Colonies dont la mémoire est considérée avoit eu cette même idée : je l'ai trouvée encore dans un excellent Auteur Anglois, dont je rapporterai ici un passage.

» Je ne vois pas qu'il puisse résulter
» aucun inconvénient de l'affranchisse-
» ment de tout enfant mulâtre : on peut
» objecter à cette proposition, qu'elle
» tendroit à encourager le commerce
» illégitime des Blancs avec les Négres-

» ſes, dont je viens de montrer les mau-
» vais effets. Je réponds que l'affran-
» chiſſement des Mulâtres ſeroit bien
» plutôt dans le cas de réprimer cette
» fréquentation, par la raiſon que, dans
» la poſition actuelle, les Habitans voient
» avec indifférence naître des Mulâtres
» ſur leurs habitations, bien aſſurés que
» ce ſeront pour eux des eſclaves de plus
» pour leurs travaux, ou qu'ils en retire-
» ront un bon prix, en les vendant à leurs
» peres naturels, qui le plus ſouvent cher-
» chent à les racheter. J'ajouterai qu'au
» contraire ces habitans chercheront le
» plus qu'ils pourront à décourager les
» fréquentations des Blancs avec leurs
» Négreſſes, dès qu'ils verront que leur
» intérêt ne s'y trouve pas; & qu'alors
» ils emploieront tous leurs efforts pour
» multiplier ſur leurs poſſeſſions, la race
» noire ſans mélange «.

*

QUATRIEME MOYEN.

Etabliſſement d'une Régie humaine & uniforme dans les Habitations.

L'ADOPTION des trois Moyens précédens, tendant évidemment au bon ordre des Colonies, à leur sûreté & à l'augmentation de leur population, ne fera rien perdre à aucun de leurs propriétaires.

LAISSANT ſubſiſter toutes les habitations dans leurs travaux & Manufactures actuelles, avec la police qui convient aux divers Attcliers qui les compoſent; il faudroit que l'on s'occupât ſérieuſement d'y établir par-tout avec uniformité, une légiſlation bien reglée & bien raiſonnée qui n'auroit plus rien d'arbitraire, & par laquelle on aſſureroit l'ordre des travaux & l'exactitude de la diſcipline.

On demandera par qui ſera établie cette légiſlation ? Si les Colons (affranchis des entraves dont ils ſe plaignent, jouiſſant des droits de Citoyens & de propriétaires) avoient des Aſſemblées Coloniales bien compoſées, le choix de chaque Colonie ; ſi l'Adminiſtration qui eſt à leur tête avoit toujours une marche aſſurée conſtante & éclairée, il n'eſt point chimérique de penſer que ces Aſſemblées elles-mêmes propoſeroient ces Règlemens de police & cette légiſlation humaine & uniforme qui conviendroit à toutes les habitations, & auxquels chacun ſeroit tenu de ſe conformer ; d'où réſulteroit le plus grand bien de chacun en particulier, & celui de chaque Colonie en général.

Avant nous, les Anglois ont agité ces projets de Règlement dans leurs Colonies : dès l'année derniere, un de leurs reſpectables habitans a dit à la

Jamaïque sur ce sujet, ces paroles mémorables : » Nous avons le pouvoir » d'augmenter le bonheur de 250 mille » hommes dont le travail nous procure » notre subsistance journaliere ; nous » avons la faculté de former pour ainsi » dire une nouvelle création : quel objet » plus noble pourra jamais échauffer no- » tre zèle, & l'inclination naturelle qui » nous porte vers la bienfaisance ? En » considérant même les choses relative- » ment à notre intérêt personnel, il » est bien certain que l'homme humain » est encore le meilleur politique : ainsi » en cédant à l'impulsion de notre » cœur, nous ajouterons à la prospérité » de nos possessions, l'approbation des » hommes, & les bénédictions du Ciel «.

C'EST aussi l'année derniere que les Habitans de la Grenade ont établi dans leur Assemblée Coloniale, des Réglemens de police intérieure, & une législation en faveur des Esclaves, avec ce préambule bien sage de leur acte du 4 Novembre 1788. » Que la nécessité de » l'importation des Nègres cessera du » moment où ils seront traités avec hu- » manité, où ils ne seront plus accablés » par les travaux excessifs, & où on aura » égard aux loix de la nature dans l'union » des sexes.

» COMME les loix qui ont été jusqu'à » présent promulguées pour la protection » des Esclaves, ont été trouvées insuffisan- » tes; & comme l'humanité, ainsi que l'in- » térêt de la Colonie, exigent de rendre » l'esclavage supportable, autant qu'il sera » possible; afin de contribuer à la po- » pulation des Nègres, seul moyen de » supprimer avec le tems la nécessité de » leur importation des côtes d'Afrique.

» Et vu qu'on ne sauroit atteindre un » but aussi désirable qu'en fixant des

» bornes raiſonnables au pouvoir des » Maîtres, & des perſonnes chargées de » ſurveiller les eſclaves, ſoit en les obli» geant à leur fournir le logement, la » nourriture & le vêtement d'une ma» niere convenable, ſoit en leur procu» rant la connoiſſance & l'inſtruction » de la Religion Chrétienne, en s'occu» pant eſſentiellement de la perfection » des mœurs, en les engageant à con» tracter des mariages légitimes, & en » les y protégeant, & en reſpectant les » droits de cet Etat. Pour les raiſons ci» deſſus ſpécifiées, &c. «.

SANS donner le détail des Règlemens, qui ſont la ſuite de cet acte colonial, ni expoſer ici de ce qu'on pourroit faire de mieux à cet égard, en cherchant avec raiſon & humanité l'exécution des vues exprimées ci-deſſus, il ſuffit de montrer par ces deux exemples : que les Colons ont ſenti en corps légiſlatif que l'intérêt des habitans

habitans exigeoit une pareille légiſlation ; que cette légiſlation étoit néceſſaire pour maintenir & accroître la population, & pour ſupprimer par-là l'importation des Noirs de la côte d'Afrique, auſſi pour le plus grand avantage des habitans.

La légiſlation ou police de l'habitation ainſi arrêtée & écrite, ſeroit lue & publiée parmi les Atteliers, & renouvellée de tems en tems. Il y ſeroit pourvu avec certitude à la nourriture des Nègres (ſubſtantielle & en nature, au moins ſuivant le vœu du Code noir qui n'eſt preſque nulle part bien ſuivi) ; à leur habillement, à leur logement : on aſſureroit la propriété de leurs jardins, volailles & baſſe-cour ; on pourvoiroit à leur traitement en maladie, au ſoulagement des vieillards & infirmes, aux ſoins néceſſaires aux femmes enceintes, aux nourrices & aux enfans, au maintien des bonnes mœurs, à l'inſtruction de la jeuneſſe, au bon ordre dans les familles, &c.

En même-tems, l'ordre, la police & les heures des travaux y feroient fixés, de même que la fubordination : les fautes légeres feroient punies, après que le coupable auroit été entendu, en préfence des plus fages & des anciens de l'habitation; mais par d'autres moyens que le fouet de pofte dont on ne peut fe diffimuler la barbarie. Les crimes feroient renvoyés aux Juges ordinaires, & punis par la loi : il y auroit auffi des récompenfes pour les actions vertueufes & diftinguées.

Certainement bien loin qu'aucune habitation fût dérangée par ces difpofitions, il n'eft pas une perfonne fenfée qui puiffe dire que les Colons ne gagnaffent infiniment à cette amélioration dans le Régime des Noirs, par leur attachement & leur bonne volonté au travail.

Ce parti pris & confolidé, on ajoutera ici qu'il conviendroit de changer dès-lors la dénomination d'esclaves, & d'esclavage, ce seroit envain qu'on auroit réformé la chose ; elle paroîtroit toujours odieuse, elle tendroit à le redevenir, si on laissoit subsister un nom réprouvé.

En effet dans l'état raisonnable & modéré, préparé pour les Cultivateurs noirs, par de sages Règlemens, rien d'arbitraire, ni de barbare n'existant plus dans leur traitement, connoissant par ces loix écrites, leurs droits & leurs obligations, ils ne seroient déja plus esclaves proprement dits ; ce seroit des vassaux attachés à la glèbe, assujettis à travailler comme auparavant pour leur propriétaire.

CINQUIEME MOYEN.

Gratification d'un dixieme des produits.

APRÈS avoir ainſi reglé d'une maniere qui ceſſeroit d'être arbitraire, la diſcipline des Atteliers, on promettroit à ces vaſſaux, un encouragement à bien faire & à travailler avec zèle, qui ſeroit une part dans les revenus de l'habitation, part d'abord petite, & ſeulement d'un dixieme des produits nets.

IL eſt plus que probable que ce ſacrifice apparent de l'abandon d'une partie des revenus par le propriétaire les ſoutiendra au moins au même taux, parce que l'intérêt que les Noirs y auront, les excitera à travailler avec la meilleure volonté, à concourir avec zèle aux progrès des plantations, & à l'exploitation des denrées, à empêcher les vols, les pertes de tems, & les divers abus que le régime dur de l'esclavage multiplie.

Quel être tant soit peu dégagé des préjugés qui aveuglent la plûpart des Colons, pourra croire que les habitations en particulier & les Colonies en général, puissent obtenir un degré de prospérité proportionné au nombre de leur population, jusqu'à ce que leurs Cultivateurs, intéressés au produit de leurs propres travaux & à l'augmentation des récoltes, y portent un zèle qu'il seroit absurde d'attendre d'une sorte de troupeaux gouvernés à coups de fouets, & dont le seul espoir consiste en quelques heures de repos, & à éviter les châtimens.

Si on pouvoit douter de l'effet de cette gratification, je dirois que j'en ai fait l'épreuve avec le plus grand succès.

SIXIEME MOYEN.

Augmentation successive de gratification, ou part dans les revenus, accordée aux Nègres cultivateurs.

QUAND on auroit vu, par l'expérience d'une année ou deux, que l'Attelier se seroit bien comporté sous ce nouveau plan de conduite ; que ce dixieme des produits donnés aux Noirs en gratification auroit obtenu l'effet qu'on s'en étoit promis ; que les Habitations n'en auroient pas dépéri, bien au contraire ; on augmenteroit cette gratification que l'on porteroit l'année suivante à un neuvieme des produits nets, pour éprouver encore si par ce sacrifice les revenus se soutiendroient au même taux pour le propriétaire.

Comme on ne doute pas de l'effet, on assure ici que cette gratification ou part dans les revenus accordée aux Nègres pourra être augmentée d'année en année, & portée successivement à un huitieme, à un septieme, à un sixieme, à un cinquieme, à un quart & enfin à un tiers des revenus nets, & que ce sera sans que le propriétaire lui-même éprouve une diminution. Ce tiers accordé aux vassaux ne feroit qu'assurer davantage ses propres revenus, & les exportations de la Colonie augmenteroient de ce tiers au moins qui seroit mis de plus dans la masse du commerce. Le commerce d'importation augmenteroit en même proportion par les consommations que feroient les Nègres jouissant alors d'une petite aisance : & cette population si mal traitée jusqu'à présent commenceroit à voir le bonheur à sa portée, & à aimer ses Maîtres.

SEPTIEME MOYEN.

Nouveau Code Colonial.

On juge que les diverſes gradations indiquées dans les moyens précédemment donnés, pourront exiger un eſpace au moins de neuf ans.

La dixieme année, (ou auſſi-tôt que cette expérience auroit été bien conſtatée, & que les bons effets de ce régime feroient reconnus) on conſolideroit cet arrangement par une légiſlation ou contrat qui regleroit avec équité les droits des propriétaires & ceux des vaſſaux, par un nouveau code colonial ſubſtitué au code noir, loi de dureté & fondée ſur un principe barbare qui ne peut plus ſubſiſter. Ce n'eſt pas ici le lieu de donner là deſſus un plus grand détail : il ſuffit que les ames honnêtes (& il y en a ſans doute parmi les Colons) ſoient convaincues que ce qu'on leur propoſe n'eſt ni impoſſible, ni nuiſible à leurs intérêts.

HUITIEME MOYEN.

Affranchiſſement ſucceſſif & entier des Familles de Noirs, & formation de propriétés particulieres.

IL eſt aiſé de concevoir qu'en adoptant ſucceſſivement les moyens qu'on vient d'expoſer rapidement, aucune grande propriété ne ſeroit dérangée ; que la population augmenteroit ſous un régime plus humain ; que des familles créoles & anciennes des vaſſaux, ſe racheteroient de tems en tems de cette eſpece de ſervitude de la glèbe, ſubſtituée dans les premiers tems à l'eſclavage. Cet heureux changement ſe ſeroit opéré ſans cauſer de choc ni de commotion ; ces vaſſaux ſe ſeroient accoutumés petit à petit, & comme inſenſiblement, à une certaine aiſance & à une exiſtence meilleure fondées ſur leur bonne conduite, leur activité & leur induſtrie : il ne ſe ſeroit fait aucune révolution trop ſubite dans leurs idées qui pût faire craindre aucuns mauvais effets, puiſque les premiers moyens ne ſont que des graces accordées conditionellement & que le Maître auroit toujours pu retirer, dans le cas où les Nègres s'en fuſſent rendus indignes.

Les familles qui de bon accord auroient fait ſur leurs profits les épargnes ſuffiſantes pour ſe racheter, auroient par-là fait preuve de leur capacité & de la bonne conduite dont ils ſeroient capables dans l'état de liberté : Elles ſe racheteroient, ſoit par une ſomme une fois payée, ſoit par une redevance annuelle.

Ces émigrations ſucceſſives de vaſſaux affranchis, qui ſortiroient ainſi des grandes habitations pour former de petites propriétés par familles, ſeroient amplement remplacées dans les habitations par l'accroiſſement immanquable de leur population. Les revenus de ces grands établiſſemens augmenteroient même à meſure de ces affranchiſſemens par les cens ou redevances modérées dont le propriétaire conviendroit avec eux, ſanctionné par la loi, ou par le rembourſement d'argent.

Ces familles affranchies établiroient, ſur les terreins que leur auroit concédés le propriétaire, ou le Gouvernement, des *hattes* (ou ménageries de gros & de menu bétail) des places à vivres, des plantations de coton, de café, de cacao, d'indigo, de tabac; ils exerceroient des arts & métiers dans la Colonie, &c.; & on ne voit point impoſſible, quand ces affranchiſſemens auroient aſſez augmenté, qu'il s'établît de nouvelles Sucreries par des aſſociations faites entr'eux.

Il ſemble qu'un régime ſi évidemment proſpere pour le Colon & pour le Cultivateur Nègre, tendant à l'avancement des Colonies, devroit être ſaiſi avec empreſſement par tous les Colons. On a lieu de croire qu'il le ſeroit en effet par quelques-uns; mais le plus grand nombre des perſonnes qui poſſédent des biens dans les Colonies n'eſt pas de cette trempe, & ſe laiſſe entraîner par une routine établie & un uſage héréditaire. S'il n'y avoit dans les Colonies que de grands propriétaires, que des gens raiſonnables & humains pour poſſéder les eſclaves & les diriger, le ſort des Noirs étant par-tout ſemblable à celui qu'on cite par exception ſur quelques habitations ſagement conduites, il ſeroit facile de persuader à ces personnes choisies de faire un pas de plus vers l'amélioration du sort de leurs Cultivateurs ; elles sentiroient aisément que ce n'est pas tout faire que de les nourrir & de les soigner, que l'activité, le bon ordre & les revenus augmenteroient infailliblement en les y intéressant ; ces personnes tenteroient volontiers l'expérience que je viens d'indiquer, & je suis plus que persuadé que la tentative suffiroit pour obtenir une réussite complette. Mais les Colonies sont en grande partie composées (quant à leur population blanche) de gens étrangers à la terre, qui y sont impatiemment, affectant même du dégoût pour ce séjour & le desir de le quitter, gens le plus souvent sans éducation, sans moeurs, sans instruction : tous sont habiles à posséder des esclaves ; mais il s'en faut de beaucoup que tous aient les idées par lesquelles des hommes doivent être gouvernés : n'étantlà qu'avec le projet de faire une fortune rapide & de s'en aller le plutôt possible en jouir en Europe, tout ce qui peut accélerer leur fortune, ou y concourir, leur paroît bon & légitime, & tout ce qui retarde ou empêche leurs profits, leur semble un crime : les esclaves sont leur principal, presque leur unique moyen de fortune, prêts à les revendre, ils ne s'attachent jamais à eux, ni ne s'inquiettent d'autre chose que de tirer d'eux tout le travail possible. Ce n'est pas de cette espece inférieure, qui forme le plus grand nombre, que l'on doit attendre aucune amélioration. On ne doit pas se dissimuler d'ailleurs que le préjugé généralement répandu dans les grandes Colonies résistera long-tems à cette révolution, que l'intérêt particulier & mal raisonné du moment se trouvera sans cesse en opposition avec l'intérêt général & plus solide de l'avenir.

On aura encore à vaincre le préjugé

de la plûpart des perſonnes qui ont influence dans cette adminiſtration, parmi leſquelles il exiſte une perſuaſion aſſez générale que l'eſclavage eſt eſſentiellement néceſſaire à l'exiſtence & à la proſpérité des Colonies, & que la Traite des Noirs eſt indiſpenſable au maintien & à l'accroiſſement de leur population.

En ſuppoſant que quelques perſonnes plus éclairées & plus ſenſibles tentent, en adoptant ces idées, de faire quelques eſſais particuliers d'amélioration au ſort des Noirs, & d'accroiſſement à leur population, il en réſultera pour eux-mêmes & pour le Gouvernement beaucoup de bien : mais ces exemples, partiels & bornés au plus petit nombre, ne pourront obtenir complettement leur effet, tant qu'ils ſeront en oppoſition directe & en exception au régime établi par la loi; & le ſyſtême actuel de l'Adminiſtration & de la légiſlation Coloniale, réſiſteroit à l'entier développement de ce régime de liberté, jusqu'à ce qu'il fût adopté par tous ; ce dont on peut difficilement se flatter.

D'APRÈS toutes ces considérations, on pense qu'il seroit beau & intéressant de voir les Nations qui possédent des Isles à Sucre (& sur-tout la France l'Angleterre qui ont des terreins à leur disposition, lesquels n'ont pas encore été établis) faire de nouveaux établissemens dans des contrées où l'esclavage n'a point encore été introduit, dans les vues de prouver aux Colons qu'il est possible de faire du Sucre & toutes les autres denrées coloniales, sans tenir les hommes sous le joug arbitraire de l'esclavage.

QUI peut douter en effet que si, dans le quinzieme siecle, on eût menagé, civilisé & instruit ce million d'hommes que

que l'on dit avoir été trouvés dans l'Isle d'Haiti (à présent Saint-Domingue) lors de sa découverte ; si on se fût attaché ce peuple doux & hospitalier au lieu de le détruire, si on lui eût joint avec précautions, mesure & politique, des émigrations de gens de métiers & de talens ; si on en eût agi de même à l'égard des Caraïbes des Antilles & autres pays de l'Amérique, si on eût établi dans nos Colonies une législation sage & humaine, sans jamais songer à ce moyen odieux de l'esclavage ; qui peut douter, dis-je, que Saint-Domingue n'eût pu être, sous cette forme différente, bien plus peuplée & plus productive qu'elle ne l'est avec ses 500 mille Noirs esclaves ? & les autres Colonies n'auroient-elles pas pu prospérer de même par les mêmes moyens.

Qu'il me soit permis de citer ici un passage d'un ouvrage estimé sur les affaires actuelles, attribué à un Prélat du premier mérite, où cette même idée est exposée, à la suite d'un raisonnement court & concluant sur l'esclavage.

» DANS nos possessions d'Amérique, » on pourroit dès ce moment choisir » quelque Canton, ou une Isle, pour y » établir des propriétés & des Cultiva- » teurs libres : il ne faudroit pas trop » écouter les Colons, car ils raisonnent » sûrement comme raisonnoient nos an- » cêtres dans le dixieme siecle «.

CONCLUSION.

L'ESCLAVAGE eſt une inſtitution vicieuſe & injuſte ; la Traite des Noirs eſt une barbarie encore plus condamnable.

QUE les Colonies ſe maintiennent & que l'eſclavage s'y conſerve encore quelque-tems, puiſqu'il n'eſt que trop vrai qu'il ne peut diſparoître que par gradations, à moins de cauſer des pertes aux Colons & du danger à nos établiſſemens ; mais il faut proſcrire dans l'inſtant la Traite.

IL eût été poſſible aux Fondateurs de nos Colonies de les cultiver ſans réduire leurs Cultivateurs en eſclavage : ils ſurprirent un loi odieuſe à la Religion des Souverains pour autoriſer l'eſclavage dans nos Colonies, en donnant une ſanction à la Traite des Eſclaves qui eſt un tiſſu de brigandages : nous jouiſſons de leur ouvrage ; mais ſi nous voulons en jouir ſans remords, améliorons le ſort de ces victimes de la cupidité, & ceſſons déſormais d'en augmenter le nombre.

A meſure que les Colons ſe prêteront à ces vues d'ordre & d'humanité, en paroiſſant faire le plus noble des ſacrifices, ils feront leur propre avantage; on verra réſulter plus de proſpérité aux Colonies & au Commerce National; on y éprouvera plus de tranquillité, plus de ſûreté, une augmentation conſtante à la population de ces établiſſemens, ſans employer aucuns moyens forcés, ni contraires à nos principes : il ne faut pour s'en convaincre que ſe repréſenter cette vérité ſi reconnue, que la population croît ſenſiblement par-tout où ſe trouvent le bonheur & les ſubſiſtances.

Envoi à MM. les Députés de la Nation.

O ! vous, l'élite de la plus belle Nation & de la plus généreuſe, aſſemblés en préſence de l'univers pour réparer les maux de l'humanité ſouffrante, pour ſoutenir le foible contre l'oppreſſion du fort, pour faire jouir les pauvres du ſacrifice des riches ! daignez vous occuper un inſtant du ſort de 500 mille Cultivateurs qui ſont partie des ſujets de ce vaſte empire, qui vous procurent par leurs travaux des denrées agréables & utiles, qui fourniſſent des moyens conſidérables au Commerce & l'activité Nationale, qui en donneront encore bien davantage, ſi leur induſtrie eſt encouragée & leur population ſoignée & menagée ; ils vivent ſous le Gouvernement François, & cependant, par un abus injuſtifiable, ils ſont ſoumis à une loi qui eſt en contradiction avec vos mœurs, votre Religion, vos principes constitutionnels ; ils sont assujettis à un régime arbitraire duquel rien ne peut les délivrer que l'autorité souveraine qui les y a condamnés : sans amis, sans défenseurs, sans Magistrats (1), n'ont-ils pas quelques droits à votre protection ? Et n'est-il pas bien certain que le Roi le plus humain & le mieux disposé à bien faire sanctionnera avec empressement, ce que vous ferez en leur faveur. Croyez que nul objet n'est plus digne de vos glorieux travaux que la suppression

(1) On peut dire avec vérité que les Nègres sont sans défenseurs & sans Magistrats, quoiqu'il y ait une forme de justice en leur faveur ; puisque ces Magistrats sont toujours à leur égard juges & parties, puisque (dans les cas très-rares & qu'on évite le plus que l'on peut, où les barbaries des Maîtres occasionnent des procédures en faveur des esclaves) le témoignage des esclaves est sans valeur, & les jugemens sont toujours guidés par le préjugé qui veut que les Blancs ne soient pas compromis ; & par conséquent le Blanc coupable est toujours ménagé.

de la Traite des Noirs, & la réſolution priſe dès-à-préſent de préparer les voies à celle de l'eſclavage, par tous les moyens graduels indiqués ici rapidement, ou tels autres, que la propre diſpoſition des propriétaires fera éclore ſucceſſivement, encouragée par l'autorité ſouveraine.

FIN.

www.ingramcontent.com/pod-product-compliance
Ingram Content Group UK Ltd.
Pitfield, Milton Keynes, MK11 3LW, UK
UKHW020415230726
13925UKWH00004B/1438